Die Deutsche Bibliothek – CIP-Einheitsaufnahme

Mein erstes Buch der wilden Tiere / Michael Chinery. Ill. von
Peter Barrett. Aus dem Engl. von Luzia Czernich. – München :
F. Schneider, 1992
Einheitssacht.: All about wild animals <dt.>
ISBN 3-505-04673-6
NE: Chinery, Michael; Barrett, Peter; EST
ISBN: 3-505-04673-6

Originaltitel: All about wild animals

Übersetzung aus dem Englischen: Luzia Czernich
Titelbild und Illustrationen: Peter Barrett
Umschlaggestaltung: Claudia Böhmer
Lektorat: Michael Czernich
Herstellung: Hermann Staltmaier
Satz: FIBO Lichtsatz GmbH, München

Michael Chinery

MEIN ERSTES BUCH DER WILDEN TIERE

Illustriert von Peter Barrett

Aus dem Englischen von Luzia Czernich

SCHNEIDER BUCH

Inhalt

Was ist ein „wildes“ Tier?

„Wilde“ Tiere leben in Freiheit, in freier Wildbahn. Ein wildes Tier muß nicht so groß wie eine Giraffe oder so gefährlich wie ein Krokodil sein.

Kolibri

Krokodil

Ein Schmetterling ist ein wildes Tier.

Eine Zwergmaus ebenfalls.

Wilde Tiere müssen nicht groß oder gefährlich sein.

Schmetterling

Käfer

Zwergmaus

Flamingo

Stinktier

Ein wildes Tier ist ein Tier, das nicht von Menschen versorgt oder als Haustier gehalten wird.

Giraffe

Schwein

Katze

Hund

Die Vielfalt der Größen, Formen und Farben der Tiere ist erstaunlich.

Betrachte die abgebildeten Fische und vergleiche sie dann mit den anderen Tieren auf dieser Seite.

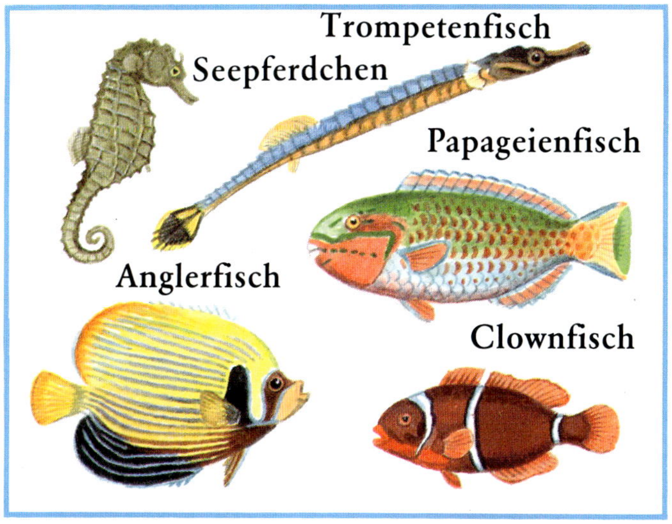

Salamander

Wo leben Tiere?

Überall, im Wasser und an Land, leben Tiere. Jede Tierart hat ihren bevorzugten Lebensraum. Hier finden die Tiere Nahrung und verbringen die meiste Zeit ihres Lebens.

Weißkopfadler leben hoch in den Bergen Nordamerikas. Sie bauen ihre Nester auf Bäumen oder Klippen.

Koalabären leben nur auf bestimmten Eukalyptus- oder Gummibäumen in Australien.

Erdwürmer haben lange, dünne Körper. Ihr ganzes Leben lang bohren sie Tunnel durch die Erde.

Eisbären leben am bitterkalten Nordpol. Ihr dickes Fell hält sie warm.

Sandeidechsen verbringen ihr Leben unter der Wüstensonne und in sehr trockenen Gebieten.

Manche Spinnen leben bei uns im Haus. Auf der Suche nach Wasser fallen sie oft in den Abfluß.

Pantoffeltierchen leben im Wasser. Sie sind so klein, daß man sie nur unter dem Mikroskop erkennen kann.

Im Baum

Eule

Specht

Grünfink

Schmetterling

Eichelhäher

Eichhörnchen

Igel

Spitzmaus

Dachs

Bäume liefern vielen Tieren Heimat und Nahrung.

Hunderte von verschiedenen Insektenarten leben in und auf einer einzigen Eiche. Sie ernähren sich von allen Teilen des Baumes, vor allem von den Blättern, den Früchten und den Samen. Manche bohren Gänge durch das Holz des Stammes.

Spinnen und Vögel fressen viele Insekten. Auch die Insekten in den Gängen des Stammes sind nicht vor dem Specht sicher.

Spechte und Eulen bauen ihre Nester in Baumhöhlen. Andere Vögel und Eichhörnchen bauen Nester in den Zweigen. Ein Dachs gräbt sich seinen Bau unter den Wurzeln.

Würmer, Schnecken und viele andere kleine Tiere ernähren sich von herabgefallenen Blättern. Igel und Spitzmäuse fressen die Schnecken und Würmer, Eulen und Füchse fressen die Mäuse. Bäume sind sehr wichtig für das Leben der wildlebenden Tiere.

Im Meer

Im Meer leben die meisten Tierarten.

Am besten kann man einige der Meeresbewohner an felsigen Küsten beobachten. Dort ist das Leben für die Tiere hart. Die Brandung setzt ihnen zu, und bei Ebbe müssen sie ohne Wasser überleben können.

Napfschnecken klammern sich fest an die Felsen. Sie haben Wasser unter ihren Schalen gespeichert, wenn sie bei Ebbe über dem Wasserspiegel sind.

Die meisten Meerestiere leben dicht unter der Wasseroberfläche. Dort schweben Millionen winziger Pflanzen und Tiere, das Plankton. Kleine Tiere ernähren sich von diesem Plankton und werden wieder von größeren Tieren wie Quallen, Heringen und Garnelen gefressen.

Fische wie die Scholle, die am Meeresboden leben, sind oft flach und in ihrer Farbe der Umgebung angepaßt.

In den tiefen Meeresregionen, wo es sehr dunkel ist, leben keine Pflanzen. Die Fische und anderen Tiere dort unten sind meist dunkel gefärbt. Viele haben seltsame Formen. Manche besitzen sogar „Lichter“ wie kleine Taschenlampen, mit deren Hilfe sie Nahrung und ihren Partner finden.

Fortbewegung

Die meisten Tiere im Wasser schwimmen mit Flossen. Der Tintenfisch bewegt sich vorwärts, indem er Wasser ausstößt.

Seelöwe

Thunfisch

Tintenfisch

Taschenkrebs

Seestern

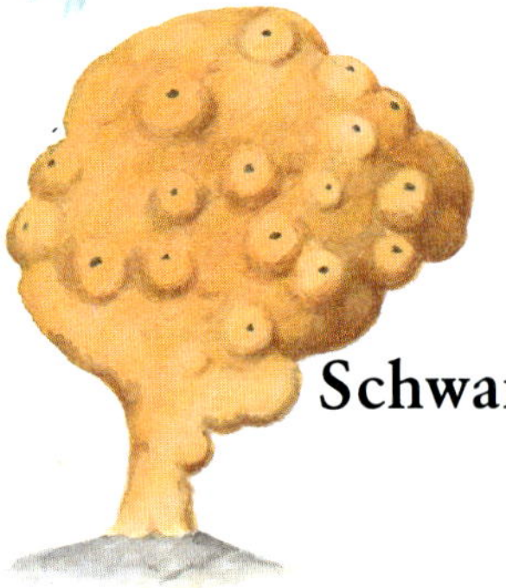

Schwamm

Taschenkrebse eilen auf ihren dünnen Beinen über den Meeresboden.

Der Seestern bewegt sich auf Hunderten von winzigen Saugfüßen vorwärts.

Manche Tiere bewegen sich gar nicht fort. Dieser Schwamm sieht nicht wie ein Tier aus.

Geschwindigkeiten

Der Gepard ist das schnellste Landtier. Seine Spitzengeschwindigkeit beträgt 25 Meter pro Sekunde.

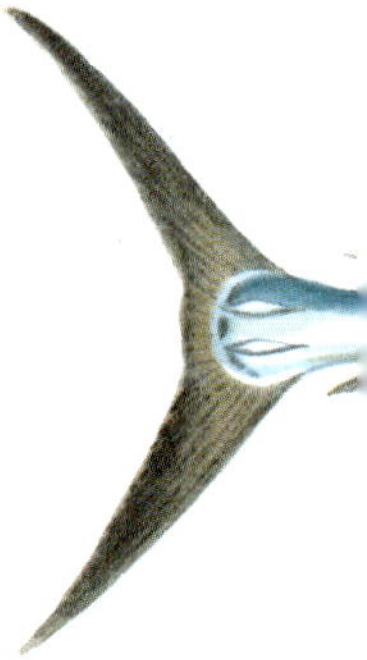

Die Schnecke benötigt für 50 Meter mehr als eine Stunde.

Landtiere bewegen sich meist auf zwei oder mehr Beinen fort. Strauße gehen auf zwei Beinen, Frösche auf vier. Insekten wie die Grillen haben sechs Beine. Spinnen haben acht, und Tausendfüßler haben viele Beine. Schlangen besitzen überhaupt keine Beine.

Frosch

Grille

Spinne

Tausendfüßler

Kletternde Tiere benutzen zusätzlich die Arme und sogar den Schwanz, um sich fortzubewegen.

Der Marlin ist der schnellste Fisch der Welt. Er schwimmt 100 Kilometer pro Stunde.

Der Wanderfalke kann mit einer Geschwindigkeit von 150 Stundenkilometern auf seine Beute herabstoßen.

Fliegende Tiere

Insekten, Fledermäuse und Vögel können als einzige Tiere fliegen. Die meisten Insekten, wie Libellen und Motten, haben vier Flügel, Fliegen jedoch nur zwei Flügel.

Schwebfliege

Marienkäfer

Wenn sie nicht fliegen, halten die Marienkäfer ihre Flügel unter ihren leuchtend gefärbten Flügeldecken gefaltet.

Libelle

Fledermäuse sind gewandte Flieger. Nachts jagen sie Motten und fangen sie im Flug. Ihre Flügel bestehen aus Haut, die über sehr lange „Finger“ gespannt sind.

Fledermaus

Motte oder Nachtschmetterling

Die Flügelform gibt Hinweise auf die Art, wie ein Vogel fliegt.

Vögel, wie beispielsweise Zaunkönige, die in Bäumen hin und her sausen, haben kurze, spitze Flügel.

Zaunkönig

Bussard

Bussarde kreisen hoch oben am Himmel und spähen nach Beute. Sie haben breite Flügel mit langen Federn an den Enden.

Langstreckenflieger wie der Albatros müssen Energie sparen. Sooft sie können, gleiten sie nur.

Für diese Flugweise sind lange, schmale Flügel ideal.

Albatros

Dieser Kasuar kann nicht fliegen, aber dafür schnell laufen.

Pinguine können nicht fliegen, sie benutzen ihre Flügel zum Schwimmen.

Nahrung

Zum Wachsen und Leben brauchen alle Tiere Energie. Diese Energie liefert die Nahrung. Viele Tiere ernähren sich nur von Pflanzen und werden deshalb Pflanzenfresser genannt. Pandabären und Gorillas fressen Blätter und Stengel, Papageien dagegen bevorzugen Früchte und Samen.

Gorilla

Pandabär

Papagei

Andere Tiere sind Fleischfresser. Der Löwe jagt Zebras und frißt ihr Fleisch.

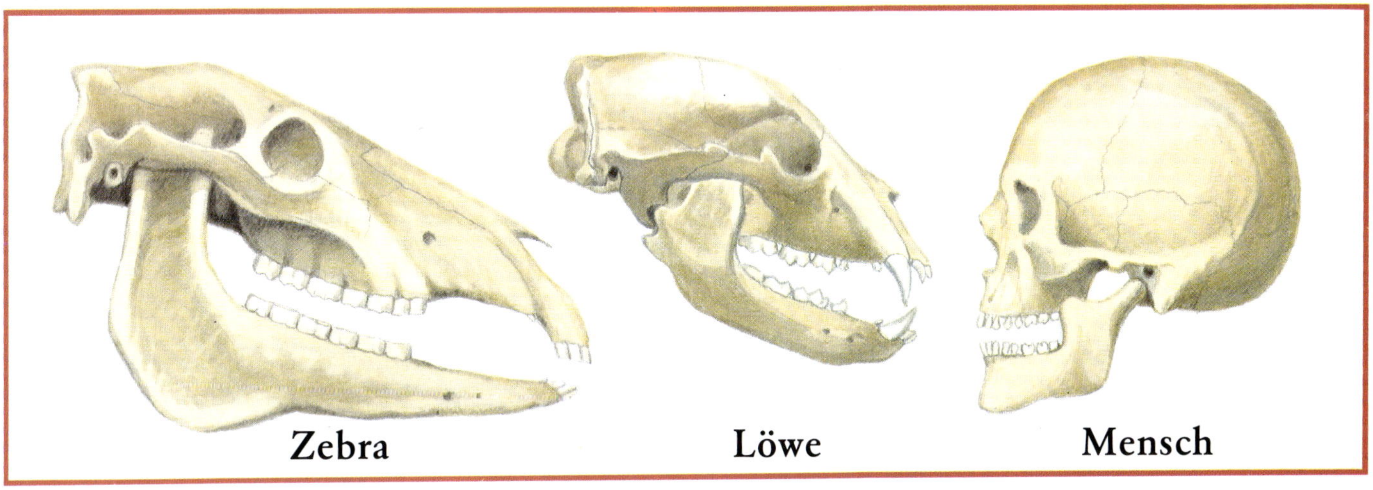

Am Gebiß eines Tieres kann man erkennen, welche Nahrung es zu sich nimmt. Zebras und andere Pflanzenfresser haben breite, flache Zähne zum Zermahlen des Grases. Löwen und andere Fleischfresser haben Reißzähne, um ihre Beute zu töten und das Fleisch zu zerteilen. Allesfresser ernähren sich von Pflanzen und Tieren. Sie haben Schneide- und Mahlzähne. Menschen sind Allesfresser.

Verteidigung

Alle Tiere müssen sich gegen hungrige Fleischfresser verteidigen, von denen sie gejagt werden.

Manche Tiere haben schlaue Methoden der Verteidigung entwickelt.

Moschusochsen bilden zum Schutz gegen Wölfe einen Kreis um ihre Jungen. Ihre Hörner weisen nach außen, so daß sich die Wölfe bei einem Angriff verletzen würden.

Wenn das Pfauenauge auf einem Zweig ausruht und die Flügel zusammenklappt, ist es kaum zu sehen.

Wenn sich der Schmetterling bedroht fühlt, öffnet er die Flügel. Das Bild der großen Augen erschreckt die Feinde.

Die Wespe verteidigt sich, indem sie Angreifer sticht.

Das Stachelschwein wendet seinen Feinden die Rückseite zu und droht mit seinen langen, spitzen Stacheln.

Das Gürteltier hat Knochenplatten auf dem Rücken, die es wie ein Panzer schützen.

Viele Tiere laufen einfach, so schnell sie können, vor ihren Feinden davon.

Diese Gazelle verwirrt den Geparden, indem sie hohe Sprünge macht und oft die Richtung wechselt.

Ein Krake verteidigt sich

Ein Krake wäre eine leckere Mahlzeit für einen hungrigen Raubfisch. Er kennt aber mehrere Verteidigungsmethoden.

Der Krake lebt in einer Höhle auf dem Meeresboden. Er verläßt sein Versteck nur zur Jagd, zum Beispiel auf Krabben oder Garnelen.

Sobald der Krake seine Höhle verlassen hat und über den Meeresboden kriecht, ist er für alle Feinde sichtbar.

Deshalb paßt er sich in seiner Farbe dem Meeresboden an. Er wird fast unsichtbar.

Zu spät! Eine Muräne hat seine Bewegungen gesehen und schwimmt herbei. Der Krake ändert wieder die Farbe und breitet seine Arme weit aus, daß er riesig groß aussieht. Die Muräne ist verwirrt und wendet sich ab.

Der Zackenbarsch gibt nicht so leicht auf. Aber der Krake beherrscht noch einen anderen Trick zu seiner Verteidigung.

Er spritzt schwarze Tinte ins Wasser. Die schwarze Wolke verdeckt dem Angreifer die Sicht. Schnell schwimmt der Krake davon, um sich zu verstecken.

Tierkinder

Jedes Tierbaby beginnt sein Leben als Ei im Körper seiner Mutter. Manche Eier wachsen im Körper heran, und die Mutter bringt lebende Junge zur Welt. Aber die meisten Tiere legen Eier in Nester, und die Jungen schlüpfen nach einer bestimmten Zeit aus.

Das Condorjunge schlüpft nach etwa acht Wochen aus dem Ei. Es sieht seinen Eltern bereits ähnlich, obwohl es noch kein richtiges Federkleid hat.

Manche Junge sehen ihren Eltern überhaupt nicht ähnlich. Die Raupe, die aus dem Ei schlüpft, ist ein Schmetterlingskind. Sie wird sich eines Tages in einen wunderschönen, bunten Schmetterling verwandeln.

Säugetierbabys wachsen in der Regel längere Zeit im Bauch ihrer Mutter heran. Das Nashornbaby wächst etwa achtzehn Monate, bis es geboren wird.

Beuteltierbabys sind bei der Geburt sehr klein. Ein neugeborenes Känguruh ist nur 2,5 Zentimeter lang. Es kriecht in den Beutel der Mutter und lebt dort etwa acht Monate von Muttermilch.

Große Familien

Manche Tiere bekommen immer nur ein Junges. Die meisten Tiere haben aber mehrere Kinder.

Ein Kaninchen bekommt bis zu acht Junge. Sie alle zu ernähren und zu behüten, macht viel Arbeit.

Manche Tiere kennen ihre Kinder nicht. Die Meeresschildkröten kommen zur Eiablage an Land.

Sie legen eine Menge Eier und überlassen diese sich selbst. Die Jungen müssen nach dem Schlüpfen über den Sand laufen und ihren Weg ins Meer alleine finden. Viele werden eine Beute von Vögeln, und nur wenige erreichen das Wasser. Deshalb müssen die Schildkröten viele Eier legen.

Der Frosch legt Hunderte von Eiern und schwimmt weg. Viele Eier werden von anderen Tieren gefressen.

Aus den Eiern schlüpfen Kaulquappen. Die meisten werden gefressen, aber ein paar überleben und werden zu kleinen Fröschen.

Der Lachs legt Tausende von Eiern. Die ausgeschlüpften Jungen haben einen Dottersack, der ihnen für etwa sechs Wochen Nahrung liefert.

Ein Elefant wächst heran

Ein Elefantenjunges wächst 22 Monate – das sind fast zwei Jahre – im Bauch seiner Mutter. Das neugeborene Kalb ist nur einen Meter hoch. Wenn es eine Stunde alt ist, kann es schon laufen. Die nahrhafte Milch seiner Mutter läßt es rasch heranwachsen.

Die Jungen leben mit ihren Müttern und anderen Elefanten in einer Herde.

Elefanten lieben Wasser. Die Kälber spritzen sich mit den Rüsseln an. Wenn sie jedoch die Erwachsenen anspritzen, bekommen sie einen Klaps, damit sie Benehmen lernen. Ihre Rüssel sind zuerst kurz, sie wachsen aber schnell. Die jungen Tiere lernen, wie sie damit Blätter von den Bäumen abreißen können.

Zusammenleben

Manche Tiere leben immer oder zeitweise in Familienverbänden. Manche Tiere leben sogar in größeren Gruppen. Für das Zusammenleben gibt es viele gute Gründe.

Eine größere Gruppe von Tieren besitzt viele Augen, Ohren und Nasen, mit denen sie Raubtiere rechtzeitig aufspüren können. Die kanadischen Gänse haben einen Polarfuchs entdeckt und schnattern laut, um die übrigen Gänse zu warnen. Die gesamte Schar wird gleich flüchten.

Tiere, die in Gruppen jagen, haben größere Erfolgschancen. Ein Rudel Wölfe kann leicht einen großen Karibu erjagen und töten.

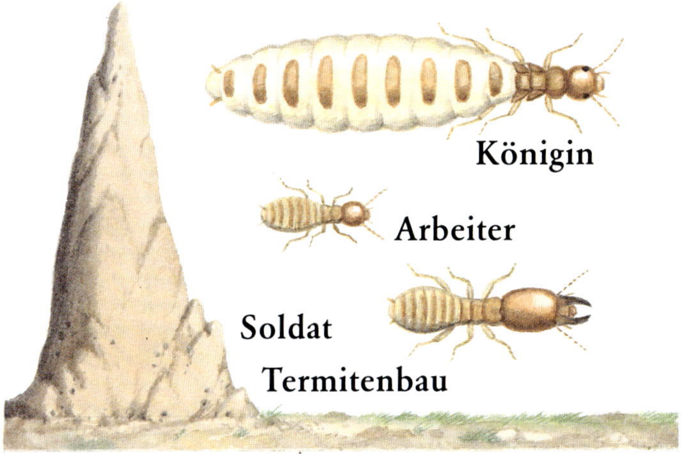

Termiten sind Insekten, die in riesigen Familien leben. Die Arbeiter errichten den hohen Bau, und die Soldaten mit den kräftigen Kieferzangen verteidigen ihn. Die Königin ist die Mutter aller Arbeiter und Soldaten.

Nicht alle Tiere, die zusammenleben, helfen einander. Lummen brüten nur deshalb eng nebeneinander, weil auf den Klippen, wo sie leben, wenig Platz ist.

Hier ein paar Bezeichnungen für Tiergruppen. Kennst du andere?

Ein Löwenrudel

Ein Sardinenschwarm

Eine Bisonherde

Eine Paviankolonie

Jäger

Killerwale jagen in Gruppen, den „Schulen“. Zu einer Schule gehören bis zu vierzig Tiere.

Diese Wale jagen einen Schwarm Lachse. Sie verständigen sich durch Laute und treiben die Lachse immer weiter zur Küste in flaches Wasser. Dann schießen sie im Schwarm hin und her, fressen möglichst viele Fische und schwimmen wieder hinaus ins offene Meer.

Der Tiger jagt allein. Er ernährt sich hauptsächlich von Wild und Wildschweinen. Mit seinem gestreiften Fell kann er sich gut versteckt im wogenden Gras anschleichen. Sobald er nahe genug ist, springt er mit großer Kraft nach vorn und packt sein Opfer.

Riechen und hören

Um Nahrung zu finden, Feinde zu umgehen und ihre Jungen aufzuziehen, müssen Tiere genau wissen, was um sie herum geschieht. Sie finden das mit ihren Sinnesorganen heraus. Der Geruchssinn ist einer der wichtigsten Sinne. Manche Tiere orientieren sich fast nur am Geruch.

Das Eichhörnchen riecht, ob die Nuß gut oder schlecht ist. Schlechte Nüsse öffnet es erst gar nicht.

Schlangen nehmen mit der Zunge den Geruch ihrer Beute auf. Sie „züngeln“.

Dieser Braunbär hat den Geruch eines Weibchens aufgenommen und kann es so aufspüren.

Der Lachs findet durch seinen Geruchssinn den Weg aus dem Meer zurück zu seinem „Heimatfluß“.

Das Gehör ist ein weiteres wichtiges Sinnesorgan.

Töne bewegen sich im Wasser schneller fort als in der Luft. Delphine hören einander kilometerweit. So weiß eine Delphinmutter immer, wo ihr Junges gerade ist.

Der Gesang bringt die Vogelmännchen und Vogelweibchen während der Brutzeit zusammen.

Nachttiere achten beim Jagen auf Geräusche. Diese Eule fliegt ganz leise, damit ihre Ohren selbst das Rascheln einer Maus im Gras aufnehmen können. Eulen sehen auch sehr gut.

Sehen und andere Sinne

Mit den Augen suchen Tiere nach Nahrung und halten nach Gefahren Ausschau. Nicht alle Tiere können Farben sehen, aber sie erkennen Formen. Manche nehmen Bewegungen schon aus großer Entfernung wahr.

Der Turmfalke, der hoch in der Luft kreist, kann einen Maulwurf, ja sogar einen Käfer auf der Erde erkennen.

Zwei nach vorn weisende Augen helfen dem Luchs Entfernungen einzuschätzen und genau auf seine Beute zuzuspringen.

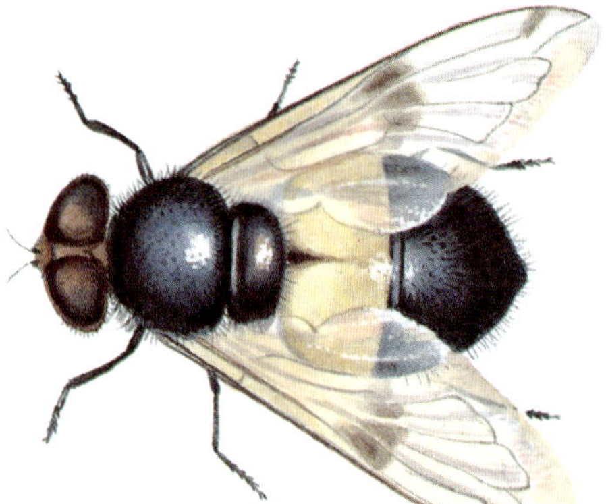

Fliegen zu fangen ist schwierig, weil sie mit ihren großen Augen nach allen Seiten sehen können. Mit ihren Haaren nehmen sie Luftbewegungen wahr, wenn ein Feind sich nähert.

Bienen werden durch Farben der Blumen angelockt. Sie sehen die Farben aber anders als wir. Eine gelbe Blume erscheint für das Bienenauge blau.

Der Hummer findet den Weg mit seinen langen, empfindlichen Fühlern am Kopf.

Die Schnurrhaare des Panthers spüren die leichteste Berührung.

Der schmale Streifen an den Seiten des Kabeljaukörpers empfängt Schwingungen im Wasser. So erfährt der Fisch, was um ihn herum passiert.

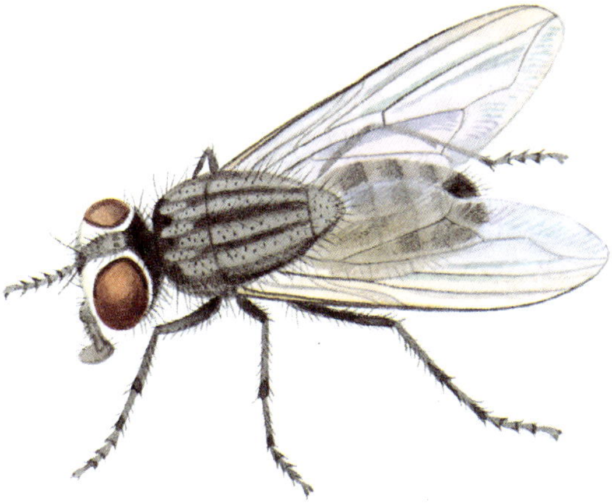

Die Stubenfliege probiert ihre Nahrung tatsächlich mit den Füßen. Wenn sich die Fliege niederläßt, überprüft sie mit Hilfe besonderer Nerven in den Füßen die Oberfläche. Sie teilen ihr mit, ob es sich um etwas Eßbares handelt oder nicht.

Schlaue Tiere

Das Gehirn ist wie ein Computer. Es besitzt viele Programme zum Jagen, Verstecken, Schlafen und zur Partnersuche.

Ein winziger Floh benötigt ebenso ein Gehirn wie ein Flußpferd.

Floh
(15fach vergrößert)

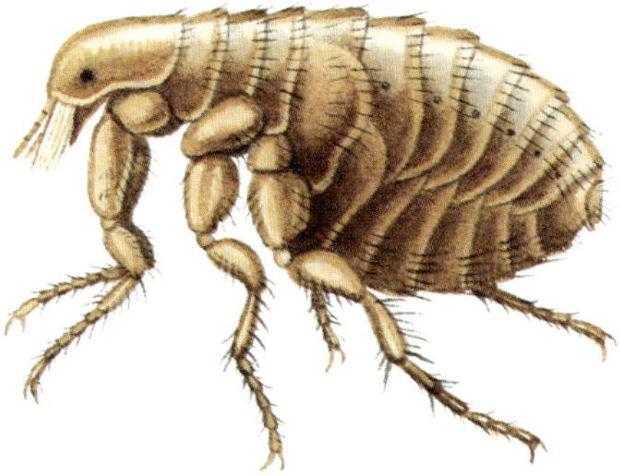

Manche Tiere werden mit allen Programmen geboren, die sie benötigen. Die Spinne zum Beispiel weiß nach ihrer Geburt sofort, wie das Netz geknüpft wird.

Viele Tiere fügen auch immer wieder neue Programme hinzu, während sie heranwachsen. Das heißt, sie lernen ständig neue Dinge – meist von den Eltern.

Wichtig ist, daß das Gehirn das richtige Programm für die jeweilige Situation auswählt. Das Gehirn wird einem fressenden Reh befehlen wegzulaufen, wenn sich ein Raubtier nähert, auch wenn das Reh noch hungrig ist.

Tiere lernen

Dieser junge Schimpanse beobachtet, wie seine Mutter mit einem Stöckchen Termiten aus dem Bau holt. Bald kann das Schimpansenjunge dieses auch und besorgt sich selber eine saftige Termitenmahlzeit.

Die Blaumeise fängt eine giftige Raupe. Sie spuckt sie aus und erinnert sich immer daran, daß gelb-schwarze Raupen ekelhaft schmecken.

Fuchswelpen lieben es, einander im Spiel anzuspringen und zu jagen. So lernen sie spielerisch, wie man Beutetiere jagt und fängt.

Wenn Bienen ihren Stock verlassen, um Nektar und Pollen zu sammeln, fliegen sie eine Weile im Kreis, um sich Bäume und markante Punkte einzuprägen. So finden sie wieder zurück nach Hause.

Mehr Wissen über Tiere

Zoologen sind Wissenschaftler, die das Leben der Tiere studieren. Dieser Zoologe beobachtet Fische unter Wasser, so erfährt er mehr über sie.

In einem Wildpark, in einem Zoo oder in einem Aquarium erfährst auch du mehr über Tiere.

Du kannst Tierbücher lesen oder Tiere in der Natur beobachten.

Im Fernsehen werden viele Filme über die interessante und wunderbare Welt der wildlebenden Tiere gezeigt.

Stichwortverzeichnis